Puedes consultar nuestro catálogo en www.picarona.net

Experimentos de ciencia en casa
Texto: *Susan Martineau*
Ilustraciones: *Vicky Barker*

1.ª edición: junio de 2021

Título original: *Science Experiments at Home*

Traducción: *Manuel Manzano*
Maquetación: *El Taller del Llibre, S. L.*
Corrección: *Sara Moreno*

© 2018, b small publishing.
Primera edición en UK publicado por b small publishing ltd.
Publicado por acuerdo con IMC, Ag. Lit., España
(Reservados todos los derechos)

© 2021, Ediciones Obelisco, S. L.
www.edicionesobelisco.com
(Reservados los derechos para la lengua española)

Edita: Picarona, sello infantil de Ediciones Obelisco, S. L.
Collita, 23-25. Pol. Ind. Molí de la Bastida
08191 Rubí - Barcelona - España
Tel. 93 309 85 25
E-mail: picarona@picarona.net

ISBN: 978-84-9145-470-0
Depósito Legal: B-7.086-2021

Impreso en SAGRAFIC
Passatge Carsí, 6 - 08025 Barcelona

Printed in Spain

EXPERIMENTOS DE CIENCIA EN CASA

EN EL BAÑO páginas 2 a 13

AL AIRE LIBRE páginas 14 a 29

EN LA COCINA páginas 30 a 39

EN TU DORMITORIO páginas 40 a 47

PALABRAS QUE DEBES CONOCER/
RESPUESTAS página 48

Texto de Susan Martineau e ilustraciones de Vicky Barker

Picarona

Sé un cientítico en el baño

Los científicos aprenden sobre el mundo que los rodea haciendo experimentos. En esta parte del libro, aprenderás sobre la ciencia que puedes hacer en tu baño. No necesitarás ningún equipo especial para estos experimentos. Utilizarás cosas cotidianas que probablemente ya tengas en casa, pero no olvides preguntarle a un adulto antes de usarlas y, antes de comenzar, lee siempre el experimento completo para asegurarte de tener todo lo que necesitas.

¿??
¡Pregunta rápida!

Las respuestas están en la página 48.

⊘ ¡MANTENTE SEGURO!

Nunca juegues con los medicamentos o los productos químicos de limpieza que puedas tener en el baño.

Ten un cuaderno a mano para que puedas dibujar o escribir en él lo que sucede, como un verdadero científico. También puedes crear tus propios experimentos.

Ten cuidado cuando utilices el grifo de agua caliente y asegúrate de que el agua no esté demasiado caliente.

Espejos empañados

Puedes hacer este experimento la próxima vez que te bañes o te duches. ¡Harás que la limpieza sea más divertida!

1. Cierra la puerta del baño (¡pero no con el cerrojo!).

2. Date un buen baño o ducha caliente.

3. Observa lo que sucede con las ventanas y los espejos del baño.

Cómo funciona: ¡Echemos un vistazo más de cerca!

El agua tibia del baño o de la ducha emite un **gas llamado vapor de agua**. Este **vapor de agua** se produce cuando el agua **líquida** del baño o de la ducha está más caliente que el aire de la habitación. Cuando el **vapor de agua** toca algo frío, como un espejo o una ventana, vuelve a convertirse en gotas de **líquido**. Esto se llama **condensación**.

No dejes los grifos goteando porque eso es desperdiciar agua.

¡Prueba esto!

Espira fuerte contra un espejo frío y verás lo que le hace tu aliento cálido.

¡Pregunta rápida!

¿Puedes encontrar otra palabra para vapor de agua?

Diversión con burbujas

Un baño de burbujas es encantador, pero ¿alguna vez te has preguntado cómo se forman esas burbujas de jabón? Este experimento te muestra qué sucede.

1. Llena un lavabo hasta la mitad con agua.

2. Vierte un poco de gel de baño en el agua.

3. ¡Mete una pajita en el agua y sopla!

???

¡Pregunta rápida!

¿Cómo se llama el jabón que usamos para lavarnos el cabello?

Cuando soplas en el agua, haces muchas burbujas. El gel de baño hace que el agua sea **elástica**, o flexible, de modo que retiene el aire que estás soplando. Si soplas en agua sin gel de baño, el agua por sí sola no puede retener el aire.

¿Sabías que...?

Tu piel nunca deja de crecer. Cuando te lavas, el jabón se lleva la suciedad de la piel y también elimina la piel muerta. ¡Es posible que sientas las yemas de los dedos mucho más suaves después de lavarte las manos!

Lávate siempre las manos después de ir al baño para eliminar los gérmenes.

Botar una barca

¿Cómo se las arreglan los barcos para flotar sobre el agua en lugar de hundirse? En este experimento vas a hacer una barca y a descubrirlo. Necesitas dos bolas de plastilina.

1. Modela una barca con una de las bolas de plastilina.

2. Llena el lavabo con agua.

3. Coloca la otra bola de plastilina en el agua.

4. Ahora coloca la barca de plastilina en el agua.

La bola de plastilina se hunde hasta el fondo mientras que la barca **flota**. La barca permanece en la **superficie** del agua porque hay aire entre los lados. Esto la hace liviana para su tamaño. La bola no tiene aire en su interior. Es **sólida** y pesada para su tamaño y por eso se hunde.

¡Pregunta rápida!

¿Crees que un cepillo de dientes se hundirá o flotará?

¡Prueba esto!

Comprueba si otras cosas que hay en el baño flotan o se hunden en el agua. Puedes probar con botellas de champú, pastillas de jabón o cepillos de dientes.

Escribe o dibuja en tu cuaderno qué cosas se hunden o flotan.

Magia en un vaso

Éste es un gran truco para hacer con tus amigos y familiares.
¡No podrán creerlo! Utiliza un vaso de plástico,
por si se les cae de las manos por la sorpresa.

1. Llena con agua un vaso de plástico hasta la mitad.

2. Coloca un trozo de cartón rígido sobre la parte superior del vaso.

3. Sostén el cartón firmemente en su lugar y pon el vaso bocabajo.

4. Retira la mano del cartón.

¡Haz este experimento sobre la bañera o el lavabo!

Cómo funciona: ¡Echemos un vistazo más de cerca!

El aire a nuestro alrededor empuja hacia arriba, hacia abajo y hacia los lados todo lo que toca. A esto se le llama **presión de aire**. El aire también empuja el cartón hacia arriba. El aire empuja hacia arriba con más fuerza que el agua y el aire que hay dentro del vaso, que empujan hacia abajo. Por eso el agua no se cae.

¡Prueba esto!

Infla un globo. Si presionas la mano contra él, puedes sentir el aire dentro de él empujando hacia la mano.

¡Dato rápido!

El aire dentro de los neumáticos de tu bicicleta también empuja hacia afuera. Por eso pueden soportar tu peso mientras la montas.

El truco del cepillo de dientes

La luz puede jugarle algunas malas pasadas a nuestra vista. Este experimento te mostrará un truco de luz con un cepillo de dientes.

1. Llena con agua hasta la mitad un vaso de plástico transparente.

2. Mete tu cepillo de dientes en el vaso.

3. Observa el cepillo de dientes a través de la pared del vaso de plástico.

¡No olvides lavarte los dientes dos veces al día!

La parte del cepillo de dientes que está debajo del agua parece doblada. La luz se mueve más lentamente por el agua que por el aire. A medida que la luz se ralentiza, cambia de dirección y entra en los ojos desde un ángulo diferente. Por eso las cosas en el agua se ven dobladas a pesar de que en realidad están rectas. Se llama **refracción**.

? ??

¡Pregunta rápida!

¿El cepillo de dientes se verá doblado si lo metes en el vaso de plástico sin agua?

¡Prueba esto!

La próxima vez que vayas a nadar, ponte de pie en la piscina con agua hasta la cintura y mírate las piernas. Se ven cortas y rechonchas debido a la refracción.

Sé un científico al aire libre

En esta sección del libro aprenderás ciencia en tu jardín o en el parque. No necesitarás ningún equipo especial para ninguno de estos experimentos. Utilizarás cosas cotidianas que probablemente ya tengas en casa, pero recuerda pedirle a un adulto que te supervise mientras las utilizas. No olvides leer el experimento completo antes de comenzar para asegurarte de tenerlo todo listo.

¡MANTENTE SEGURO!

Pídele a un adulto que te supervise en jardín y nunca vayas al parque solo.

Ten un cuaderno a mano para que puedas dibujar o escribir en él lo que sucede, como un verdadero científico. También puedes crear tus propios experimentos.

Palabras que debes conocer Las palabras **científicas especiales** se explican en la página 48.

Lávate las manos cuando vuelvas a entrar en casa.

Nunca comas nada que encuentres en el jardín o en el parque. Algunas plantas y bayas pueden ser muy peligrosas para tu salud.

¡Pregunta rápida! Las respuestas están en la página 48.

Al aire libre

15

La casa del gusano

Necesitarás tres o cuatro lombrices de tierra
para realizar este experimento. Búscalas en tierra
recién excavada o debajo de piedras y troncos.
Recógelas con mucho cuidado para no lastimarlas.
Deja la casa del gusano en un lugar fresco
y oscuro durante unos días y observa
lo que hacen los gusanos.

1. Pídele a un adulto que te ayude a cortar la parte de arriba de una botella de plástico.

2. Pon capas de tierra y arena en la botella. Rocíalas con agua.

3. Pon algunas hojas y hierba encima. Coloca suavemente tus gusanos.

4. Encola un poco de papel oscuro alrededor de la botella. Ponla en un lugar fresco y oscuro.

Al aire libre

16

Las lombrices de tierra hacen túneles a través del suelo y de las capas de arena. En el jardín, estos túneles ayudan al aire y al agua a llegar a las raíces de las plantas. Los gusanos también meten hojas dentro del suelo y esto produce **nutrientes** o alimento para las plantas. Los gusanos ayudan a que las plantas crezcan bien.

¡Pregunta rápida!

¿A qué criatura del jardín le encanta comer gusanos?

Pista: Hay uno en esta página.

Los gusanos dejan a su paso montoncitos rizados de tierra. Es caca de gusano.

¿Sabías que...?

Las lombrices de tierra más grandes del mundo viven en Australia, Sudáfrica y Sudamérica. ¡Pueden llegar hasta los 3 metros de largo!

A la caza de bichos

Mira a ver qué bichos puedes encontrar en tu jardín o en el parque.
El mejor momento para buscarlos es la hora más cálida del día,
cuando los bichos son más activos. ¡Es posible que desees usar guantes
de jardinería cuando estés hurgando en busca de insectos!

1. Llévate
un cuaderno, una
lupa y un lápiz al
jardín
o al parque.

2. Elige un área
pequeña de hierba o
un macizo de flores.
Busca en el suelo,
debajo de las piedras
y en la hierba alta.

3. Cuando encuentres
un bicho, regístralo en
tu cuaderno. Cuenta
las patas, las alas y las
partes de su cuerpo. ¿Se
arrastra o camina?

Escarabajo **? ? ?** Mariposa

¡Pregunta rápida!

¿Qué tiene ocho patas y teje una telaraña?

Ciempiés

Oruga

El nombre apropiado de un bicho es **invertebrado.** Esta palabra se refiere a un animal sin columna vertebral. Sin embargo, no todos los **invertebrados** son **insectos.** Los **insectos** tienen seis patas y tres partes del cuerpo. Así, una hormiga es un **insecto,** pero los gusanos, los caracoles y las arañas no lo son.

Araña

Caracol

¡Prueba esto!

Si no sabes el nombre de los bichos que has encontrado, puedes preguntarle a un adulto o buscarlo en libros sobre insectos o sobre animales muy pequeños. Puedes descubrir muchos datos fascinantes sobre estas criaturas.

Gusano

Hormiga

...abosa

La energía de las plantas

Las plantas y los árboles necesitan agua para crecer. Toman agua a través de sus raíces en el subsuelo. Este experimento te muestra cómo se mueve el agua en las plantas y los árboles. Utiliza cualquier colorante alimentario que desees para realizar este experimento, pero el rojo es realmente bueno.

1. Mezcla un poco de colorante alimentario con agua en un vaso o en un frasco de mermelada vacío.

2. Mete en el agua una rama de apio con sus hojas.

3. Observa qué sucede con el color del apio durante los próximos dos días.

¿Sabías que...?

Las plantas que crecen en lugares muy secos, como los desiertos, deben ser buenas para almacenar agua. Tienen tallos y hojas grandes y jugosos. Los cactus son plantas que pueden vivir en lugares sin mucha lluvia.

¡Ay, no te sientes en ese cactus!

Cómo funciona: ¡Echemos un vistazo más de cerca!

Las marcas rojas comienzan a aparecer en las hojas de apio después de unas horas. Durante los dos días siguientes aparece más y más rojo en las hojas. El agua transporta alimentos a todas las partes de una planta o árbol. Este experimento muestra cómo el agua viaja desde las raíces de una planta hasta sus hojas.

¡Dato rápido!

Algunos árboles de la selva tropical pueden alcanzar la altura de un edificio de 20 pisos. ¡Piensa en toda el agua que corre por su interior!

Colector de lluvia

Fabrica un dispositivo simple para recoger y medir cuánta lluvia cae. Necesitarás un frasco viejo o un vaso de plástico transparente con lados rectos, un embudo pequeño y una regla. Utiliza algunas gotas de pegamento para fijar el embudo en su lugar y evitar que el viento se lo lleve.

1. Coloca el embudo en la parte superior del frasco o vaso de plástico para hacer tu colector de lluvia. Colócalo en un espacio exterior.

2. Compruébalo todos los días a la misma hora. Usa la regla para medir cuántos centímetros de lluvia han caído.

3. Vacía el frasco cada vez y vuelve a colocarlo en el mismo lugar.

4. Anota la cantidad de lluvia en tu cuaderno cada vez.

Al aire libre

¡Pregunta ??? rápida!

¿Conoces el nombre que se le da a las bolas de hielo que a veces caen de las nubes?

Pista: ¡Parecen piedra que caen del cielo!

No desperdicies el agua del colector de lluvia. ¡Riega las plantas con ella!

¿Sabías que...?

Para algunas personas, el pronóstico del tiempo es especialmente importante. Por ejemplo, los agricultores necesitan saber cuándo va a llover para decidir cuándo plantar sus cultivos y asegurarse de que crezcan adecuadamente.

Cómo funciona: ¡Echemos un vistazo más de cerca!

La lluvia cae cuando las diminutas gotas de agua que hay en las nubes se juntan para formar unas más grandes. Se vuelven tan grandes y pesadas que caen al suelo. El sol calienta el agua del suelo y la convierte en **vapor de agua.** Éste se eleva en el aire. A medida que el **vapor de agua** sube, comienza a enfriarse y se convierte de nuevo en gotas de agua. ¡Éstas forman más nubes antes de que vuelva a llover!

La magia del arcoíris

¿Sabías que la luz es una mezcla de diferentes colores?
En este experimento vas a hacer que aparezcan estos colores.
Antes de utilizar la manguera del jardín, pídele a un adulto
que te supervise. Si no tienes una manguera, quizás puedas
encontrar a un amigo que la tenga.

1. Sal al jardín en un día soleado.

2. Apunta la manguera en dirección opuesta a ti hacia una cerca o una pared oscura.

3. Ponte de espaldas al sol y abre el agua.

4. Observa qué colores puedes detectar en el agua rociada.

Al aire libre

¿Sabías que...?

Cuando llueve y el sol brilla al mismo tiempo, es posible que puedas ver un arcoíris. Los colores de un arcoíris siempre aparecen en el mismo orden: rojo, naranja, amarillo, verde, azul, índigo y violeta.

No me rocíes. ¡No me gusta mojarme!

¡Pregunta rápida!

¿Cuántos colores hay en un arcoíris?

Cómo funciona: ¡Echemos un vistazo más de cerca!

La luz parece blanca, pero en realidad está compuesta de muchos colores. Cuando el sol brilla a través de agua rociada, el agua divide la luz en todos estos colores y vemos un arcoíris. Si pudieras volver a mezclarlos, esto produciría luz blanca.

El cielo de noche

En este experimento serás un astrónomo.
Los astrónomos son científicos que estudian las estrellas.
Elige una noche despejada en la que el cielo
no esté nublado. Sal a la oscuridad y mira hacia
el cielo nocturno. Verás más si puedes alejarte de las luces
de la calle y de las casas. Asegúrate de que te acompañe
un adulto.

1. Lleva contigo un cuaderno, un lápiz y una pequeña linterna al jardín o al parque.

2. Busca un lugar para sentarte y mirar hacia el cielo.

3. Escribe y dibuja lo que ves. Si ves patrones en las estrellas, dibújalos.

Al aire libre

La Osa Mayor

La Cruz del Sur

¿Sabías que...?

Los **astrónomos** han dado nombres a
diferentes patrones de estrellas.
Los patrones se llaman **constelaciones.**
Es posible que puedas ver la Osa Mayor si
vives en el hemisferio norte del planeta.
En el hemisferio sur, busca
la Cruz del Sur.

No confundas
un avión con
una estrella. Los
aviones tienen
luces verdes
y rojas.

¡Pregunta? ??
rápida!

¿Cómo llamamos a la
fuerza que mantiene a
la Luna girando alrededor
de la Tierra en lugar de
simplemente flotar?

Pista: También
nos impide salir
despedidos del
planeta.

Cómo funciona: ¡Echemos un vistazo más de cerca!

La Luna es grande y fácil de detectar.
Orbita, o da vueltas, a nuestra Tierra
una vez cada 28 días, y verás diferentes
partes de ella mientras se mueve.
En una noche clara, también verás miles de
estrellas parpadeando en el cielo.
Las estrellas son bolas enormes
de gases muy calientes que emiten
calor y luz.

Al aire libre

Salto contra la gravedad

¿Alguna vez te has preguntado por qué no flotas en el aire cuando sales a la calle? En este experimento descubrirás la fuerza especial que nos mantiene a todos en el suelo.

1. Sal al jardín o al parque.

2. Lleva contigo a algunos amigos y a un adulto.

3. Pide a tus amigos que salten lo más alto que puedan en el aire.

4. ¡Quizá también puedes pedírselo al adulto!

Cuando saltas en el aire, todos los músculos de tu cuerpo tienen que trabajar mucho para levantarte. Tienen que trabajar mucho porque hay una fuerza invisible llamada **gravedad** que te empuja hacia el suelo. Cuanto más fuertes sean tus músculos, más alto podrás saltar, ¡pero siempre volverás a la Tierra!

¿Sabías que...?

Para llegar al espacio, un cohete necesita motores muy potentes para superar la gravedad de la Tierra. ¡Tiene que ir diez veces más rápido que una bala! En el espacio, lejos de la gravedad de la Tierra, los astronautas deben llevar su comida y bebida en paquetes especiales para evitar que todo se escape.

¡Dato rápido!

La gravedad es la que hace que las cosas caigan al suelo cuando las dejamos caer.

Sé un científico
en la cocina

Esta parte del libro trata sobre la ciencia que espera a ser descubierta en tu cocina. Deberías poder encontrar todo el equipo y los ingredientes que necesitas para los siguientes experimentos en la cocina, pero no olvides pedirle a un adulto que te supervise para usarlos. Además, lee el experimento completo antes de comenzar para comprobar que lo tienes todo preparado.

¡MANTENTE SEGURO!
Pídele a un adulto que te supervise, especialmente cuando estés calentando o cortando cosas.

Ten un cuaderno a mano para que puedas dibujar o escribir en él lo que sucede, como un verdadero científico. También puedes crear tus propios experimentos.

Palabras que debes conocer
Las palabras **científicas especiales** se explican en la página 48.

¡Nunca juegues con calor o productos químicos de limpieza y ordénalo todo después siempre!

¡Pregunta rápida!
Las respuestas están en la página 48.

???

Cocina

La gran efervescencia

Prepárate para divertirte con este experimento. Debes colocar un vaso en un plato llano o en el fregadero para atrapar la espuma que se desborde. ¡No pongas la cara demasiado cerca del vaso, ya que la efervescencia huele muy fuerte!

1. Pon una cucharada de levadura en polvo en un vaso grande.

2. Coloca el vaso dentro de un plato.

3. Pon dos cucharadas de vinagre en una jarra pequeña.

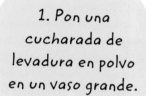

4. Vierte el vinagre en la levadura en polvo.

Cocina

Cómo funciona: ¡Echemos un vistazo más de cerca!

La levadura en polvo y el vinagre son diferentes tipos de productos químicos. Cuando se mezclan, ocurre algo llamado **reacción química**. La reacción produce un **gas** llamado **dióxido de carbono** que causa todo el burbujeo y la efervescencia.

Luego, lávalo todo en el fregadero.

¡Prueba esto!

Utiliza un embudo para poner un poco de levadura en polvo dentro de un globo. Mete un poco de vinagre en una botella pequeña y pon la boca del globo alrededor del cuello de la botella con cuidado. Observa cómo el globo se infla mientras el polvo y el vinagre reaccionan.

Cosas aceitosas

El aceite y el agua no se mezclan. Si intentas mezclar aceite con agua, verás que cuando dejas de remover, el aceite permanece en la parte superior o superficie del agua. Pero si añades un poco de detergente al agua ocurre algo muy interesante.

1. Vierte un poco de agua en un recipiente.

2. Agrega un poco de aceite de cocina.

3. Añade ahora unas gotas de detergente y revuelve el agua.

¿Cuándo fue la última vez que lavaste los platos?

¿Sabías que...?

Las aves tienen un tipo de aceite untado en sus plumas. Las mantiene a prueba de agua para que no se mojen con la lluvia o cuando nadan en un estanque o en el río.

¡Dato rápido!!

El petróleo de los barcos petroleros a veces se derrama en los mares y océanos. Este aceite es muy malo para las aves marinas. Flota en la superficie del agua y puede matar tanto a los pájaros como a muchas criaturas marinas.

Cómo funciona: ¡Echemos un vistazo más de cerca!

Las gotas de aceite **flotan** sobre el agua. Tienen una especie de piel elástica a su alrededor y se pegan unas a otras. El detergente rompe la piel y ayuda a mezclar el aceite y el agua.

¡Lava esos platos grasientos con un poco de lavavajillas!

Puder aéreo

Engaña a tus amigos con este experimento.
¡Nadie creerá que funcione! Todo lo que necesitas
es el fregadero de la cocina, un vaso de plástico, un paño
de cocina y el aire que te rodea.

1. Mete firmemente el paño de cocina en el fondo del vaso.

2. Llena de agua el fregadero.

3. Pon el vaso boca abajo. Sostenlo recto y empújalo hacia abajo en el agua.

4. Cuenta hasta diez. Levanta el vaso sin inclinarlo.

Cocina

36

¡Pregunta rápida!

¿Cuál es el nombre del gas que nuestro cuerpo necesita para respirar?

Pista: Encontrarás su nombre en esta página.

¿Sabías que...?

El aire que nos rodea es una mezcla de gases. Los principales se llaman **nitrógeno** y **oxígeno.** La mayoría de los gases son invisibles, pero ocupan espacio al igual que el aire en el vaso de tu experimento.

Cómo funciona: ¡Echemos un vistazo más de cerca!

Sorprendentemente, el paño de cocina no se moja. No entra agua en el vaso porque éste ya está lleno de aire. No puedes verlo, pero está ocupando espacio dentro del vaso para que el agua no pueda entrar.

¡Dato rápido!

Algunos gases huelen mucho. Uno llamado «sulfuro de hidrógeno» huele a huevos podridos.

Cosas mohosas

Necesitarás dos rebanadas de pan y dos trozos de queso para este experimento, pero no prepararás sándwiches con ellos. Vamos a averiguar por qué algunos alimentos deben mantenerse frescos.

1. Sella cada rebanada de pan y cada trozo de queso en cuatro bolsas de plástico diferentes.

2. Pon una bolsa de pan y una bolsa de queso en la nevera. Pon las otras dos en el alféizar de la ventana.

3. Revísalos todos los días y dibuja o anota lo que sucede con el pan y con el queso.

¿Sabías que...?

Los alimentos almacenados en un congelador pueden conservarse durante varios meses. ¡Pon un trozo de queso y un trozo de pan en el congelador y podrás comerte un sándwich de queso cuando tengas hambre dentro de unos meses!

Mantener los alimentos frescos significa que se desperdician menos alimentos.

¡Pregunta rápida!

Cuando hace calor, ¿crees que el pan y el queso se enmohecerán más o menos rápidamente?

? ? ?

Cómo funciona: ¡Echemos un vistazo más de cerca!

El pan y el queso en el alféizar de la ventana comienzan a desarrollar **moho** verde azulado después de unos días. El **moho** crece en cosas que ya no están frescas. La comida no se estropea tan rápido en lugares muy fríos, como la nevera. Al **moho** no le gusta el frío.

Sé un científico en el dormitorio

Esta última parte del libro te muestra algunos experimentos que puedes realizar en tu dormitorio. Como con todos los demás experimentos, no necesitarás ningún equipo especial. Deberías poder encontrar en tu casa todo lo que necesitas, pero no olvides pedirle a un adulto que te supervise cuando lo utilices y, como de costumbre, lee el experimento completo antes de comenzar para saber que tienes todo lo que necesitas.

¡Ordena tu dormitorio cuando hayas terminado!

Palabras que debes conocer
Las palabras **científicas especiales** se explican en la página 48.

Ten un cuaderno a mano para que puedas dibujar o escribir en él lo que sucede, como un verdadero científico. También puedes crear tus propios experimentos.

Sombras divertidas

Este experimento se realiza mejor por la noche, cuando está muy oscuro. Cierra las cortinas y prepárate para crear algunas formas extrañas. También puedes inventar tus propias sombras divertidas o terroríficas.

1. Recorta en una cartulina una silueta aterradora.

2. Sostenla frente a ti, con una pared lisa detrás.

3. Enciende una linterna o lámpara que ilumine la silueta.

Dormitorio

42

¡Dato rápido!

En Indonesia utilizan sombras de títeres para montar espectáculos fantásticos.

Los orificios de la silueta de cartulina dejan pasar la luz de la linterna o de la lámpara, pero la cartulina en sí bloquea la luz. Obtienes una **sombra** en la pared con la forma de la silueta. Se crea una **sombra** porque la luz no puede atravesar la cartulina.

¡Prueba esto!

¡Intenta juntar las manos como se muestra en la ilustración para hacer que la sombra de la cabeza de un caballo aparezca en la pared! Pon tus manos entre la lámpara y la pared.

Observa lo que sucede cuando acercas y alejas de la lámpara la silueta.

Trucos eléctricos

En nuestro hogar utilizamos mucha electricidad para hacer funcionar toda clase de aparatos, desde luces hasta ordenadores. Este tipo de electricidad se mueve por cables dentro de nuestra casa. Pero también hay otro tipo de electricidad que podemos fabricar nosotros mismos.

1. Rompe un pañuelo de papel en trozos pequeños.

2. Coge un peine de plástico.

3. Péinate el cabello limpio y seco unas 20 veces.

4. Acerca el peine a los trozos de papel.

Cómo funciona: ¡Echemos un vistazo más de cerca!

Cuando se pasa el peine por el cabello una y otra vez, esto hace que se acumule **electricidad estática** en el peine. Esta **electricidad estática** atrae al papel hacia el peine y lo hace moverse, ¡como por arte de magia!

Apaga las luces cuando salgas de tu dormitorio.

¡No desperdicies electricidad!

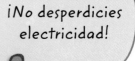

¡Alerta rápida!

No juegues nunca con los enchufes o cables eléctricos de tu casa.

¿Sabías que...?

La electricidad estática se acumula en las nubes durante una tormenta. Se vuelve tan poderosa que salta a otras nubes o al suelo en forma de una gran chispa o rayo.

Espejos locos

Cuando te miras en un espejo no siempre ves lo que esperas ver. ¡Esto es muy útil para los trucos! Utiliza un poco de masilla para mantener firme el espejo.

1. Coloca un espejo pequeño en posición vertical.

2. Pídele a un amigo que escriba su nombre en una hoja de papel.

3. Coloca el papel frente al espejo.

Jacobo

¡El nombre de tu amigo se ve al revés en el espejo! Los **reflejos** siempre se ven al revés. Si saludas frente a un espejo con la mano derecha, parecerá que estás agitando la izquierda.

Se llama **imagen especular**.

¡Dato rápido!

Los espejos se rompen fácilmente porque la mayoría están hechos de vidrio.

¡Prueba esto!

Busca en tu casa un espejo de cuerpo entero, en un armario o en una pared. Ponte muy cerca del borde. Levanta un brazo y una pierna.

Si no tienes un espejo de cuerpo entero en casa, ¡inténtalo en el probador de una tienda de ropa!

Palabras que debes conocer

Astrónomo: Científico que estudia las estrellas y todo lo que hay en el espacio.

Condensación: Cuando un gas se convierte en líquido. El vapor de agua, o vaho, se convierte en gotas de agua cuando toca algo frío.

Constelaciones: Son patrones de estrellas en el cielo. Los astrónomos les dan nombres.

Dióxido de carbono: Es el gas que se pone en las bebidas gaseosas para producir la efervescencia. También es el gas que nuestro cuerpo exhala al respirar.

Elástico: Algo que puede volver a su forma normal después de estirarse.

Electricidad estática: Éste es un tipo de electricidad que no se mueve. No es como la electricidad que usamos para luces y otros aparatos.

Flotar: Permanecer en la parte superior o en la superficie del líquido.

Gas: El aire que nos rodea es una mezcla de diferentes gases, como el oxígeno y el nitrógeno. Un gas no tiene forma propia.

Gravedad: Fuerza que empuja las cosas hacia la Tierra.

Imagen especular: Ésta es la forma en la que se ve tu reflejo en el espejo. ¡Es tu verdadero yo al revés!

Insecto: Un invertebrado con seis patas y tres partes en el cuerpo.

Invertebrado: Una criatura sin columna vertebral.

Líquido: El agua es un líquido. Los líquidos se pueden verter y no tienen forma propia.

Moho: Un tipo de hongo muy pequeño. Crece en las cosas que se pudren.

Nitrógeno: Gas que constituye una gran parte del aire que nos rodea.

Nutrientes: El alimento que las plantas o los animales necesitan para crecer bien. Las plantas obtienen nutrientes del suelo.

Órbita: La trayectoria de algo que viaja alrededor de una estrella o planeta. La Tierra orbita alrededor del Sol. La Luna orbita alrededor de la Tierra.

Oxígeno: Un gas del aire que nos rodea que nuestro cuerpo necesita para poder respirar.

Presión del aire: La fuerza que ejerce el aire sobre todo lo que toca.

Reacción química: Cuando dos o más sustancias químicas se mezclan y cambian y crean una nueva.

Reflejo: Ves un reflejo cuando los rayos de luz rebotan en ti y en un espejo. Los rayos de luz rebotan en el espejo y llegan a tus ojos.

Refracción: Cuando la luz cambia de dirección al entrar en el agua. Esto te hace ver los objetos en el agua de una manera diferente.

Sólido: Los objetos sólidos, como las pastillas de jabón y los cepillos de dientes, tienen una forma propia.

Sombra: Se crea una sombra cuando la luz no puede atravesar algo para llegar al otro lado.

Superficie: La parte superior de algo. La superficie del agua es donde se encuentra con el aire.

Vapor de agua: El gas que sale del agua caliente o tibia. También se le llama «vaho».

Respuestas a las preguntas rápidas

Página 5 – vaho

Página 7 – champú

Página 9 – se hundirá

Página 13 – no, se verá recto

Página 17 – un pájaro

Página 19 – una araña

Página 23 – granizo

Página 25 – siete

Página 27 – gravedad

Página 37 – oxígeno

Página 39 – si no está en la nevera, se estropeará más rápidamente